Ulrich Schaffer Du bist einzigartig

Ulrich Schaffer
Du bist einzigartig

Edition Schaffer im Kreuz Verlag

Du bist einzigartig

Die Welt wird immer voller. Fast überall auf dem Planeten gibt es uns Menschen. Da wird es immer schwerer, den einzelnen zu sehen. Wir werden abgezählt, Gruppen zugeordnet, hochgerechnet. Wir werden zu Statistiken, und es zählt nicht wirklich, was wir fühlen, was uns ängstigt, was wir träumen. Information über uns ist abrufbar. Man versucht uns zu bestimmen und aus Profitgier zu ergründen. Wir existieren in den Tabellen der Meinungsforscher als potentielle Käufer, als mögliche Gebraucher, als bezifferbare Notleidende, als kalkulierbare Sehnsüchtige. Was gelte ich da noch? Was giltst du da noch?

Vielleicht ist es wichtiger als je, uns an unser Menschsein zu erinnern und nicht zu Zahlen und Statistiken zu werden. Und sich auch nicht nur auf die zerstörerische Seite des Menschen zu konzentrieren, als gäbe es nichts anderes. Aber was heißt es, sich an das eigene Menschsein zu erinnern? Wie finden wir zu uns selbst und zueinander in der Freiheit und Liebe, die auch zu uns gehört?

Einer der Schlüssel liegt in der eigenen Wertschätzung. Wenn wir unsere Einmaligkeit sehen und lernen uns zu lieben, werden wir auch andere lieben und ihren Wert entdecken. Es ist nie zu spät, und die Umstände sind nie zu unmöglich, um damit zu beginnen, gerade da, wo wir stehen.

*Zu Beginn
warst du nicht mehr
als der Anflug eines Gedankens.
Vielleicht eine Hoffnung,
ein Traumträger, eine Glücksvorstellung,
eine Wunscherfüllung.
Und die, die dich dachten,
ahnten mehr,
als daß sie ihre Gedanken verstanden.
Energien flossen zusammen,
und mit ihnen wurdest du
ein Kind deiner Eltern,
aber auch ein Kind des Kosmos
in seiner ganzen Weisheit.*

Entstanden bist du in einer Umgebung,
die es noch nie vorher gab
und die es nie wieder geben wird,
Verhältnissen, die niemand nachmachen kann.
Nie war die Welt so
wie zu deiner Geburt,
und nie wieder wird sie so sein.

Wie wir nie in den gleichen Fluß
treten können, weil er fließt
und schon vorbei ist,
so kann es keinen Menschen mehr
wie dich geben.
Du wirst Ähnlichkeiten mit anderen finden
und erschrecken oder glücklich sein,
aber dich wird es nur einmal geben.

9

A us dem Leben von zweien
in ihrer jeweiligen Einmaligkeit
bist du entstanden.
Auch wenn du verwandt mit ihnen bist,
genetisch und seelisch,
vielleicht bis zur Hautfarbe,
zur Größe der Füße,
zum Timbre der Stimme,
den Farben der Freude
und den Formen der Angst,
so bist und bleibst du doch
ein einzigartiger Mensch.

*a
bist du.
Eine Erscheinung, ein Phänomen,
wandelbar, unübersehbar,
mit einer Zukunft voller Wunder,
voller Fragen und Antworten,
voller Schwere und Glück.*

*Du bist eingetreten in dieses Leben,
in eine Kombination von Umständen,
und kaum bist du da,
beginnst du schon, sie zu gestalten.*

*Du bist ein Teil des großen Ablaufs geworden,
und doch kein Rädchen, kein Echo,
sondern etwas Lebendiges,
eine eigene Stimme.*

*o wie du eine äußere Gestalt hast,
so hast du auch eine innere Gestalt.
Sie wächst
und wird von Minute zu Minute.
Sie ist wild und frei
und ängstlich und vorsichtig.
Sie ist laut und leise,
draufgängerisch in einem Moment
und im nächsten zurückhaltend und nachdenklich.
Alles steckt in dir,
laß es dir nicht ausreden
und laß dir nicht verbieten,
du selbst zu sein, im Kern deines Wesens.
Gehe diesem Kern mit Liebe nach
und spüre die Grenzenlosigkeit deiner Seele:
auf Unendliches ist sie bezogen
und trägt in sich Himmel und Hölle.
Sie ist visionär und träumt von Dingen,
die es geben muß, denn sie sind träumbar.
Sie entdeckt und erfindet die Welt
und dabei sich selbst.
Sie ist nicht festgelegt und hat doch eine Gestalt.
Deine.*

15

Du bist
ein Wesen,
und du hast ein Wesen.
Aus deinem Kern
kommt deine Energie –
halte dich fest,
halte dich aus,
vergib dir
und umfasse dich
mit deiner ganzen Liebe.
So wie du dich liebst,
so wirst du dich entfalten.
Und so wie du dich entfaltest,
wirst du entdecken,
daß noch viel mehr in dir steckt,
was geliebt und erlöst werden will.
Geh dir nach und befreie,
was in dir frei sein muß,
um zu leben.

*eine Gedanken sind kostbar.
In ihnen entstehst du,
und sie entstehen durch dich.
Du kombinierst und verbindest wie keiner vor dir.
Du denkst dich ins Leben,
und das Leben findet in dir eine neue Ausdrucksform.*

19

Du bist eine Stimme,
zuerst in deinem eigenen Herzen,
dann in deiner Familie,
unter deinen Freunden,
in deinem Ort,
an der Wahlurne,
in deiner Gemeinde.
Jahrelang hast du daran gearbeitet,
den Ton dieser Stimme rein zu halten,
echt und liebend zu sein,
wie eine Glocke ohne Sprung.
Kostbar ist darum, was du zu sagen hast,
wenn du in deinen Worten bist.
Wertvoll ist deine Sicht der Welt,
wenn sie in dir entstanden ist.
Wertvoll ist
die Unauswechselbarkeit deiner Stimme.
Erfrischend ist die Klarheit deines Profils.

21

eiere dich. Feiere dich.
Beginne bei deinen Händen -
wie haben sie dir deinen Weg bereitet,
wie viele Herrlichkeiten haben sie gehalten,
wie schwer haben sie gearbeitet
in Selbstlosigkeit und Eifer!
Sie sind Ausdruck deines Wesens,
Ausdruck deines ehrlichen Bestrebens.
Feiere deine Augen, in denen du lebst
und durch die du in die Welt stürzst,
so wie die Welt durch sie in dich fällt.
In ihren farbigen Teichen
ruht deine ganze Seele.
Laß sie leuchten und gib anderen
eine Heimat in deinen Augen.
Feiere deine Stimme, diese eigene Person,
die dich spiegelt. Begabt bist du,
auf ihr deine Neigung zu anderen
wie ein Papierschiff aufs Wasser zu setzen.
In den Worten explodiert vorsichtig
dein Wesen und entwickelt Profil.
Und auch die Stille transportiert noch
deine Sehnsucht nach Begegnung.

Feiere dich
und feiere dich mit viel Freude und Glück.
Feiere deinen Schmerz,
in dem du auch unvergleichbar bist.
Feiere das wenige, was du siehst,
und es wird mehr werden.
Feiere deine Angst und deine Verwegenheit,
und du wirst lernen,
wann die eine und wann die andere
wichtig zu leben ist.
Feiere deine Echtheit,
in die du von Tag zu Tag hineinwächst,
wie in einen Mantel, der zuerst zu groß ist.
Feiere deinen Glauben,
diesen Sprung in das Wagnis,
das dich jedes Mal verändert.
Feiere die Zartheit deiner Wahrnehmung -
wie Gräser im milden Wind - ,
in der die Welt sich so zeigt, wie sie sein kann.
Und feiere mich, so wie ich dich feiere,
und du wirst mich entdecken, so wie ich dich entdecke.

Du bist Beziehungen eingegangen
und hast dir Menschen vertraut gemacht.
Du hast dich eingelassen
auf ihre Freude und Schwere.
Du bist gefallen und wieder aufgestanden,
du bist gescheitert
und hast doch nicht aufgegeben.
Du hast aus deinen Fehlern gelernt
und gemerkt, daß du begrenzt bist
in dem, was du kannst.
Daran bist du gereift.
Spürst du, wie sehr du leben willst?

Wirf dich nicht weg.
indem du das tust,
Wirf dich nicht weg,
was dich unterscheidet
Wirf dich nicht weg,
daß du eigentlich
Wirf dich nicht weg.

Werde nicht auswechselbar,
was andere tun.
indem du vergißt,
von anderen.
indem du so vorsichtig lebst,
kaum noch lebendig bist.
Wirf dich nicht weg.

*W*ie kostbar
ist deine Fähigkeit,
Sorge zu tragen
und zu lieben.
Du kannst dich vergessen
und dich dabei doch finden.
Du kannst mit deinem Wesen hören
und damit deutlich sprechen.
Wertvoll ist deine Offenheit.
Sie ist wie eine Tür,
durch die die Welt kommen
und gehen kann.

anz sanft
stößt uns das Leben manchmal an
und erinnert uns an unseren Weg.
Oder es geht nicht mehr weiter wie bisher,
Türen schließen sich.
Oder wir werden krank. Auch das ist ein Ruf.
Von uns selbst an uns selbst.
So meldet sich unsere vernachlässigte Seele.
Wir hatten uns schon eingestellt
auf das Bekannte, das Mittelmäßige,
und dann bricht etwas in uns durch,
mit einer Ursprünglichkeit,
die wir nicht mehr in uns vermutet hatten.
Es ist gefährlich,
sich dieser inneren Stimme zu verweigern
oder sie zu übersehen.
Aber es ist auch gefährlich, ihr zu folgen,
weil jede Begegnung mit dem Leben
unvorhersagbar ist.

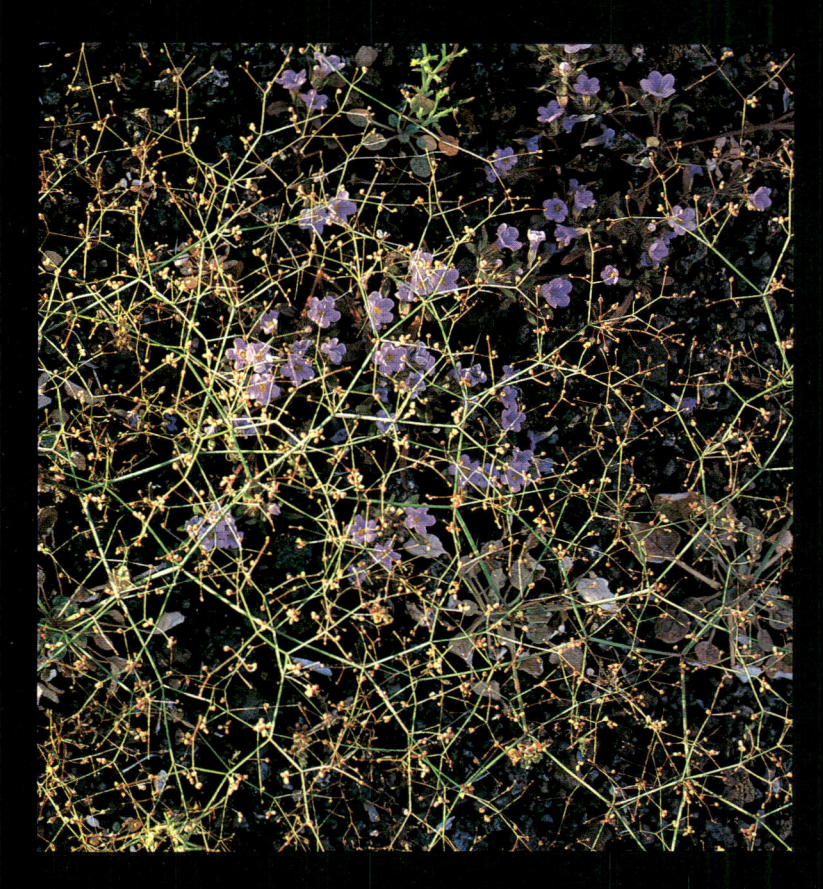

Ich feiere dich als Schwester.
Staunst du,
wie ich bei dir ausruhen kann?
Du gibst mir die Hand,
liebst und leitest mich.
Ich feiere dich als Bruder.
Ich wähle dich als den,
der mich herausfordert,
erwachsen zu werden,
ohne Weichlichkeit und Zögern.
Ich feiere dich als Vater,
als Vorbild und Orientierung
in der ständigen Veränderung,
ich feiere dich als Mutter,
als Zuflucht, wenn die eigene Seele ausufert.
Ich feiere dich als Kind
in deinem großäugigen Staunen,
in dem die Welt wieder leuchtet,
als wäre sie gerade erst entstanden.
Ich feiere dich, so wie du bist.

Hast du vergessen,
daß du Göttliches in dir trägst?
In dir schlägt das Herz,
von dessen Herz du kommst,
in dir trägst du von der Liebe,
die die Welt erhält.
Auf Gerechtigkeit
antwortest du mit Gnade.
Du weißt, wie wichtig das Opfer ist
und daß es keine Gerechtigkeit gibt
ohne Selbstlosigkeit.
Besinne dich auf deine hohe Berufung
und deine wertvolle Begabung:
Lebendig bist du und damit Lebensspender.
Was du im Verborgenen tust,
wird seine Wirkung im Öffentlichen haben.
Aus dir fließt ein Strom der Kraft
in die Welt.

Vergiß nicht,
andere sind glücklich,
daß es dich gibt.
ielleicht sagen sie es nicht oft,
aber sie denken es.
Du veränderst ihr Leben,
schaffst Licht und Heiterkeit,
die sie so nötig brauchen.
In dir geht ihr Leben weiter,
wenn sie nicht weiter wissen.
Und in dir sehen sie
einen Menschen wie sich selbst,
umgeben von der Dichte des Lebens,
die manchmal zuviel wird.
Zu zweit ist es leichter,
das Unerträgliche zu ertragen.

rinnerst du dich an die Kraft,
die du gespürt hast,
als du dir treu
und nicht käuflich warst?
Da beginnt dein Leben,
da werden die Einfälle geboren,
die keiner außer dir haben kann.
Da überschlägt sich die Freude,
trotz aller Schwere.
Da wird das Leben durchsichtig
und bleibt doch voller Geheimnis.
Erinnere dich an die Kraft
in deiner Ehrlichkeit und Entschiedenheit.
Erinnere dich an das Verborgene in dir.

Ich sehe dein Leben
wie den Weg eines großen Flusses.
Versteckt und klein beginnt er,
noch unbekannt und ohne Namen,
nicht mehr als ein Rinnsal.
Er fließt durch Landschaften,
die ihn nähren, er mündet in Seen
und fließt wieder aus ihnen hinaus.
Von beiden Seiten
kommen Bäche und Flüsse hinzu,
und er wächst an Breite und Tiefe,
an Bedeutung und Bekanntheit.
Kein Fluß gleicht dem anderen.
Ob er über Stromschnellen ins Tal absteigt
oder sich in mächtigen Mäandern
durch weite Ebenen windet,
ob er seine Ufer wegreißt
oder sich begradigen und eindämmen läßt,
ob er klar bleibt oder schmutzig wird,
er ist einmalig
und hat seine eigene Gestalt gebildet.
Willst du weniger sein als ein Fluß?

45

Zu den Fotos:

Umschlag: Ahorn im Herbst, Vancouver, British Columbia, Kanada.

7 Ziehende Gänse, bei Klamath Falls, Oregon, USA. Man schätzt, daß in dieser Gegend bis zu zwei Millionen Vögel überwintern.

9 Palo Verde Baum (Cercidium microphyllum) mit Brittlebush (Encelia farinosa), in der Gegend von Volcan las Tres Virgenes, einem Lavagebiet in Baja California Sur, Mexico.

11 Ponderosa Kiefer (Pinus ponderosa) im Neuschnee, in der Nähe von Crater Lake, Oregon, USA.

13 Monolith mit Wüstensonnenblumen (Geraea canescens), in der Wüste bei Lees Ferry, Arizona, USA. In diesem Bild begegnen sich Stärke und Verletzbarkeit, wie so oft im Leben.

15 Sandstein Canyon bei Page Arizona, USA. In dieser engen Felsenschlucht habe ich nach oben fotografiert. Das indirekte Licht färbt die Canyonwände in diesen Farben. Durch diesen Canyon zu gehen ist jedesmal ein besonderes Erlebnis.

17 Kaktusblüte (Echinocereus engelmannii), Organ Pipe National Monument, Arizona, USA.

19 Kleiner See mit Gräsern auf der Kenai Halbinsel, Alaska, USA.

21 Ponderosa Kiefer (Pinus ponderosa) vor dem Blau des Lake Tahoe, California, USA.

24/25 Sandsteinwand in den Kolob Finger Canyons, Utah, USA. Zu diesem Ort zieht es mich immer wieder hin, und es wird mir nicht über, diese Steinwände mit ihren "Schriften" zu fotografieren. Dadurch daß die Wände von Osten nach Westen verlaufen, werden durch die auf- und untergehende Sonne mit ihrem Seitenlicht die kleinsten Unebenheiten in den Wänden sichtbar.

27 Gespräch zwischen einer California Juniper (Juniperus occidentalis - gehört zur Zypressen-Familie) und einem Granitfelsen bei Sonnenaufgang, Joshua Tree National Monument, California, USA.

29 Douglas Lupinen (Lupinus nanus), bei Corning in California, USA.

31 Nahaufnahme in der Wüste bei Cataviña, Baja California, Mexico. In der Wüste sieht man den Reichtum der natürlichen Formen und Farben manchmal erst, wenn man sich hinabbeugt und den Boden aus ein paar Zentimetern Entfernung betrachtet.

33 Purple Mat (Nama demissum) unter einer anderen Pflanze, in dem Vulkangestein der Pinacate Wüste, Baja California, Mexico. Einen besonderen Dank an Jack Dykinga, Fotograf in Tucson, Arizona, der mir die Pinacate "gezeigt" hat.

35 Paar vor Sonnenuntergang über dem Pazifik, bei Ucluelet, Vancouver Island, British Columbia, Kanada.

37 Bach bei Whistler, British Columbia, Kanada.

39 Die ersten Sonnenstrahlen berühren die blühende Wüste. Sand Verbena (Abronia villosa), nördlich von Guerrero Negro, Baja California Sur, Mexico.

41 Weide bei Sonnenuntergang und Mondaufgang, über einer Wand in dem Canyon des Taylor Creek, im nördlichen Teil des Zion National Park, Utah, USA.

42/43 Rapsfeld, in der Nähe des Ilmensees, Süddeutschland.

45 Abendstimmung über dem gewaltigen Alsek Fluß, nahe der Grenze zwischen dem Yukon Gebiet und British Columbia. Dies ist eine wilde, unzugängliche Gegend, die am besten im Boot zu entdecken ist.

Unsere Zeit ist gekennzeichnet durch eine Konzentration auf das Negative. Die Medien überschlagen sich, uns das Kaputte und Entleerte zu präsentieren. Bei vielen herrscht eine Hoffnungslosigkeit, die bis in die kleinsten Regungen reicht. Vieles ist angefressen von einer Skepsis, die nichts mehr ernst nimmt und unsere Fähigkeit, zu vertrauen, nur belächelt. Viele scheinen keine Werte zu haben, für die es sich zu leben lohnt. Die Institutionen, in denen wir uns entfaltet haben, sind durch viele Enttäuschungen unglaubwürdig geworden. Ein aggressiver und oft brutaler Ton hat sich unter uns breitgemacht.

Aber so können wir nicht leben, nicht auf Dauer. So höhlen wir uns selbst aus. Viele suchen Zuwendung, erfüllte Werte, spirituelle Zusammenhänge, um leben zu können. Diese Suche möchte ich mit dieser Buchserie unterstützen. In Texten und Bildern und in der ganzen Aufmachung will ich versuchen, Mut zu machen, einen Sinn zu finden, Werte zu setzen, sich zu öffnen für die vielen Wunder, die es in uns und um uns gibt. So wie es große Wut und Zerstörung gibt, so gibt es auch Liebe und Sanftmut. Für jeden Mörder, vor dem wir hören, gibt es hundert oder gar tausend Menschen, die in ihrer Liebe, Opferbereitschaft und Zartheit über sich selbst hinauswachsen und Leben schaffen. Auch das ist eine Wirklichkeit dieser Welt, die wir aktiv verstärken können.

Weitere Bände dieser Reihe

Du bist einzigartig

Fast überall auf dem Planeten gibt es uns Menschen. Wir werden abgezählt, Gruppen zugeordnet, hochgerechnet. Dabei ist jeder von uns einzigartig. Wie finden wir zu uns selbst und zueinander?

Erinnere dich an deine Kraft

Wir alle haben „Zeiten der Kraft" erlebt, Momente, in denen wir über uns selbst hinausgewachsen sind und einen Weg gefunden haben. Wie können wir uns an die Quellen der Kraft erinnern?

Was uns verbindet

Viele Menschen fühlen sich allein und verlassen. Oft sehen wir aber die Beziehungen, in denen wir stehen und die sich darüber hinaus anbieten, einfach nicht. Wie können wir sie erleben und den Reichtum, den sie bieten, erschließen?

Wege in die Weite

Das Leben lädt uns ein in die Weite. Es gibt eine fast unendliche Zahl von Wegen, die wir gehen können. Wie finden wir Zugang zu der Wahrheit, die hinter der faßbaren, vordergründigen Wirklichkeit liegt?

Ulrich Schaffer

Ich wurde 1942 in Pommern geboren. Nach dem Krieg wohnte unsere Familie bei Bremen, bis wir 1953 nach Kanada auswanderten. Wir wohnten zuerst in der Prärie Albertas und zogen 1955 in den Norden von British Columbia. Dort ging ich zur Oberschule, in einem Ort, umgeben von Wildnis. Dieses Erlebnis von ursprünglicher Landschaft wurde zu einem wichtigen Bestandteil meines Lebens. Immer wieder zieht es mich zurück in Landschaft, die menschenarm ist.

Von 1961 bis 1970 studierte ich deutsche und englische Literatur und arbeitete anschließend als Dozent an einem College bei

Vancouver. Seit 1981 bin ich freier Schriftsteller und Fotograf. Mich reizt es immer wieder, Wort und Bild zusammenzubringen. Schreiben und Fotografieren ist für mich eine Orientierungshilfe. Ich schreibe über das, was mir wichtig ist und was ich selbst lernen will. Ich schreibe darum nicht aus einer Abgeklärtheit, sondern als ein Beteiligter, als jemand, der seinen Weg sucht und sich auf diesem Weg mit anderen verbunden fühlt. Seit 1965 bin ich mit Waltraud verheiratet. Wir haben zwei erwachsene Töchter, Kira und Zilya. Vieles in meinem Leben entsteht auf dem Hintergrund dieser und anderer Beziehungen.

Die schönsten Bilder des Jahres

Wunderschöne Naturfotos mit ausdrucksstarken meditativen Kurztexten.

„Es gibt innere Bilder, nach denen ich in der Welt um mich suche. Ich suche nach Entsprechungen zwischen innen und außen. Wenn mir die Verbindung besonders gut gelingt, weiß ich, daß ich wieder ein Kalenderbild gemacht habe. Die besten Bilder des Jahres wandern in den großformatigen Kalender".

(Ulrich Schaffer)

Edition Schaffer im Kreuz Verlag

Die Deutsche Bibliothek - CIP-Einheitsaufnahme

Schaffer, Ulrich:
Du bist einzigartig / Ulrich Schaffer. - Stuttgart: Ed. Schaffer
im Kreuz-Verl., 1996
ISBN 3-7831-1469-1

3 4 5   99 98 97 96

© by Dieter Breitsohl AG
Literarische Agentur Zürich 1996
Alle deutschsprachigen Rechte beim Kreuz Verlag Stuttgart,
Postfach 80 06 69, 70506 Stuttgart, Tel.: 0711 / 78 80 30
Texte, Fotos und Gestaltung: Ulrich Schaffer
Aquarellierte Initiale
und graphische Beratung: Friedrich Peter
Umschlag: Friedrich Peter und Ulrich Schaffer
Layout: Ulrich Schaffer, unter Verwendung
des Software-Programms QuarkXPress
Autorenfoto: Jack Dykinga
Schrift: Galliard
Reproduktionen: GRS, Ludwigsburg
Merkur-Druck Mayer, Ostfildern
ISBN 3-7831-1469-1